22
ORTE

22 ORTE IN ISLAND
DIE DU SEHEN MUSST

FOTOS VIGFÚS BIRGISSON
TEXT JONAS MOODY

NATIONAL GEOGRAPHIC

INHALT

1. BLAUE LAGUNE

2. ARNARSTAPI

3. FLATEY

4. LÁTRABJARG

5. SELÁRDALUR

6. DJÚPAVÍK

7. NÁMASKARÐ

8. ÁSBYRGI

9. DETTIFOSS

10. ASKJA

11. STÓRURÐ

12. EYSTRAHORN

13. JÖKULSÁRLÓN

14. SVÍNAFELLSJÖKULL

15. LANGISJÓR

16. LANDMANNALAUGAR

17. DYRHÓLAEY

18. ÞÓRSMÖRK

19. HEIMAEY

20. GULLFOSS

21. GEYSIR

22. ÞINGVELLIR

1

BLAUE LAGUNE

Der Ort. Ein Heilbad mit Hotel mitten in einem Lavafeld. Das Wasser des Beckens, das aus dem benachbarten Geothermiekraftwerk gespeist wird, wärmt jährlich Hunderttausende von Badegästen.

Wie ist er entstanden? In den 1970er-Jahren baute der Stromversorger von Suðurnes ein modernes Kraftwerk im Geothermalgebiet Svartsengi. Es gewinnt Energie aus extrem heißem Dampf, der durch Bohrlöcher in der nach geologischen Maßstäben jungen Lava austritt. Das durch die Lava in den Untergrund versickerte Meerwasser sammelt sich in großen unterirdischen Becken, wo es sich im Verhältnis 65:35 mit Grundwasser mischt. Die „unterirdische Sole" ist 240 Grad heiß und ausgesprochen reich an Salzen und anderen Mineralien wie Kieselerde.

Worin besteht die Heilwirkung? Die unterirdische Sole, für die man keine weitere Verwendung hatte, wurde in die Lavafelder der Umgebung abgeleitet. Als die Sole abkühlte, setzte sich die Kieselerde als Schlammschicht ab und verstopfte nach und nach die poröse Lava. Dadurch versickerte das Wasser nicht mehr im Boden, sondern staute sich neben dem Kraftwerk zu einer Lagune. Als 1976 einige Mitarbeiter des Kraftwerks ein Bad in dem Wasser nahmen, entdeckten sie, dass es therapeutische Wirkung hatte. Einer von ihnen, der an Schuppenflechte litt, stellte erstaunt fest, dass das Wasser sein Hautleiden linderte. Der Effekt sprach sich herum und immer mehr Menschen kamen zu der Lagune, um ihre Hautprobleme zu behandeln oder sich einfach nur in dieser unwirklichen Umgebung im warmen Wasser zu aalen. Schließlich bestätigten Fachleute die Heilwirkung des Wassers. 1999 wurde die heutige Kurbad-Anlage eröffnet. Die erste Lagune wurde trockengelegt, um Platz für eine Erweiterung des Kraftwerks zu schaffen.

Was ist das Besondere? Die Zusammensetzung des Wassers der Blauen Lagune und sein Effekt auf die Haut wurden ausgiebig untersucht. Seine Heilwirkung ist heute unumstritten. Die Lagune beherbergt einen weltweit einzigartigen Mikrokosmos. Zum Beispiel wurden hier Mikroorganismen entdeckt, die nirgends sonst vorkommen. Man würde erwarten, dass das warme Wasser und die vielen Besucher die Lagune zu einer Brutstätte gesundheitsschädlicher Bakterien machen, aber das Gegenteil ist der Fall: Das Wasser tötet Bakterien ab. Deshalb werden in der Blauen Lagune keinerlei Chemikalien eingesetzt.

2

ARNARSTAPI

Der Ort. Eine Handvoll pittoresker Häuschen an Islands schönstem Hafen, umrahmt von kristallklarer See, einer spektakulären Felsküste und einem sagenumwobenen Gletscher.

Was ist das Besondere? Arnarstapi versprüht einen unaufdringlichen Zauber. Es ist kein richtiges Dorf, sondern nur ein Grüppchen von Häusern am Rand eines Lavafelds vor einer Bergkette am Atlantik. Seine Aura rührt aus jener Zeit her, als es das reiche Anwesen eines mächtigen Mannes und ein wichtiger Hafen war. In der Umgebung sind einige der eindrucksvollsten Naturphänomene Islands zu besichtigen: die Rauðfeldargjá-Spalte, die wie ein schmaler Korridor in der Felswand klafft, der geheimnisvolle Snæfellsjökull-Gletscher und die faszinierende Steilküste, deren Felssäulen und Uferhöhlen vom blauen Ozean umspült werden. Der winzige, verschlafene Hafen, der sich zwischen den Küstenfelsen duckt, versetzt Besucher in längst vergangene Zeiten zurück.

Was gibt es jenseits des Ortes zu sehen? Klippen: Die Straße durch Arnarstapi führt zum Hafen hinunter. Biegen Sie unmittelbar vor dem Hafen nach rechts ab und folgen Sie dem Küstenweg am Ozean entlang. Unterwegs passieren Sie eine Höhle, deren Dach eingebrochen ist, sodass man auf die blaugrünen Wellen hinunterblickt, über denen Seevögel kreisen. Die Szenerie hat fast etwas Mediterranes. Weiter südlich steht der Gatklettur-Felsbogen, ein Lieblingsmotiv der Kupferstecher, die hier im 18. und 19. Jahrhundert Station machten. Der Weg führt drei Kilometer am Küstenschutzgebiet entlang bis zum nächsten Dorf, Hellnar, wo noch mehr Felsbögen und -höhlen zu bestaunen sind. Am Hafen von Hellnar wartet eines der gemütlichsten Cafés von ganz Island.

Wohin als Nächstes? Ein weiterer Anziehungspunkt ist der geheimnisvolle Snæfellsjökull-Gletscher, der über der Halbinsel aufragt. Bárður Snæfellsás, der Sage nach ein früher Siedler der Gegend, soll am Ende seines Lebens in dem Gletscherberg verschwunden sein. Nach Jules Vernes Roman „Die Reise zum Mittelpunkt der Erde" soll der Vulkankrater bis zum Mittelpunkt der Erde hinabführen und beim Stromboli wieder herauskommen. Für Besucher, die den Gletscher nicht zu Fuß besteigen möchten, werden regelmäßig Schneeraupen-Touren von Arnarstapi auf den Snæfellsjökull angeboten.

Aufgepasst! Bei Arnarstapi nisten große Schwärme von Küstenseeschwalben (*Sterna paradisaea*). Während der Brutzeit im Sommer verteidigen sie ihre Nester mitunter durch Sturzflug-Attacken auf nichts ahnende Touristen. Es gibt verschiedene Möglichkeiten, sie abzuwehren; am besten hält man einfach einen Stock in die Höhe.

FLATEY

Der Ort. Die aus der Zeit gefallene Insel war im 19. Jahrhundert ein blühendes Handelszentrum.

Wie komme ich hin? Flatey liegt mitten im Breiðafjörður, dem breiten Fjord nördlich der Halbinsel Snæfellsnes und südlich der Westfjorde. Die Fähre „Baldur", die täglich von Stykkishólmur auf Snæfellsnes nach Brjánslækur in den Westfjorden verkehrt, läuft unterwegs auch Flatey an. Wer länger auf der Insel bleiben will, kann sein Auto auf die andere Seite des Fjords vorausschicken.

Warum lohnt sich ein Besuch? Flatey ist einzigartig. Nirgends in Island ist der Geist vergangener Zeiten so deutlich spürbar. Die Atmosphäre der Insel erinnert an jene Ära, als die dänisch-isländische Kultur in kleinen, in der Landschaft verstreuten Holzhäusern Wurzeln schlug. Im 19. Jahrhundert war Flatey ein florierendes Handelszentrum. Weil die Insel keinen richtigen Hafen hat, stagnierte ihre Entwicklung im 20. Jahrhundert, bis die Gemeinde nach und nach aufgegeben wurde. Heimwerker erbarmten sich der Häuser, renovierten sie und hauchten dem Dorf neues Leben ein. Inzwischen sind fast alle Gebäude originalgetreu restauriert, darunter der sehenswerte Dorfgasthof. Dass die Insel autofrei ist, trägt zu ihrer historischen Atmosphäre bei. Nur einige altmodische Traktoren tuckern langsam über die einzige Straße, um Lasten vom Fähranleger zum Dorf zu befördern. Werfen Sie einen Blick auf die Kirche gleich außerhalb des Ortes und in Islands älteste öffentliche Bibliothek, die in der Blütezeit der Insel um die Mitte des 19. Jahrhunderts erbaut wurde.

Was ist das Besondere? Gerade als der Niedergang der Insel unaufhaltsam schien, wurde Flatey von Künstlern entdeckt und inspirierte zu Beginn des 20. Jahrhunderts viele isländische Schriftsteller, Maler und Musiker. Aus dieser fruchtbaren Periode stammt die Wandmalerei der Kirche, die von Balthasar und Kristjana Samper ausgeführt wurde. Der Sohn der beiden, Balthasar Kormákur, fing Flateys bäuerlichen Unternehmungsgeist in seinem Film „White Night Wedding" ein, der auf Tschechows Bühnenstück „Iwanow" basiert.

Was ist die „Flateyjarbók"? Sie ist einer der größten Nationalschätze Islands und steht in enger Verbindung mit der Insel. Die umfangreichste mittelalterliche Handschriftensammlung des Landes wurde Ende des 14. Jahrhunderts verfasst. 1647 übergab ein hiesiger Bauer sie dem Bischof von Skálholt, der sie seinerseits 1656 König Friedrich III. von Dänemark schenkte. Erst 1971 kehrte das Buch nach Island zurück, wo es nun im Kulturhaus in Reykjavík verwahrt wird.

3

4

LÁTRABJARG

Der Ort. Látrabjarg ist der längste Vogelfelsen Europas. Außerdem behaupten die Isländer, Kap Bjargtangar, der Westzipfel von Látrabjarg, sei der westlichste Punkt Europas, auch wenn streng genommen das Inselchen Monchique vor der portugiesischen Azoren-Insel Flores noch weiter westlich liegt.

Warum lohnt sich ein Besuch? Am Kap Bjargtangar gibt es einen einfachen, denkmalgeschützten Leuchtturm. Wenn Sie über den Ozean nach Westen blicken, sehen Sie Schiffe vorbeifahren, mitunter auch Robben, die sich auf den Felsen sonnen, und vielleicht sogar einen Wal. Der pfeifende Wind kann den Chor tausender Vogelstimmen von den Felsen darunter nicht übertönen. Das Wetter ist so unberechenbar, dass die meisten Besucher sich nicht allzu nah an den Rand der Steilküste wagen, weil sie Angst haben, weggeweht zu werden. Doch immer wieder gibt es sonnige, fast windstille Momente, in denen die Vögel so nah vorübergleiten, dass man fast die Hand ausstrecken und sie berühren könnte. Die 14 Kilometer lange Steilküste, die in Ost-West-Richtung verläuft, wird durch Täler und Schluchten in mehrere Abschnitte unterteilt. Ihr Besuch lohnt sich auf jeden Fall, ob sie nun Europas westlichster Punkt ist oder nicht.

Welche Vögel nisten am Látrabjarg? Látrabjarg ist ein Hauptbrutplatz der Tordalke (*Alca torda*). Fast die Hälfte der weltweiten Tordalk-Population versammelt sich alljährlich am Látrabjarg, mehr als an jedem anderen Ort der Welt. Mit ihrem schwarzen Kopf, Schnabel und Rücken, der weißen Brust und dem charakteristischen weißen Streifen auf dem Schnabel sehen die Vögel ein bisschen wie maskierte Pinguine aus.

Die Strände. Die meisten isländischen Strände fallen durch ihren schwarzen Sand auf. In der Umgebung von Látrabjarg gibt es jedoch mehrere helle Muschelsandstrände. Der goldsandige Strand der Örlygshöfn-Bucht am Weg nach Látrabjarg wirkt für diesen Breitengrad geradezu tropisch. Der weiße Sandstrand von Hvallátur direkt neben Látrabjarg sieht aus, als habe ihn ein Landschaftsarchitekt von Miami hierher verpflanzt, wo er sich nicht so recht zwischen die hübschen alten Häuser und die Küstenfelsen einfügen will. Der größte hellsandige Strand ist der Rauðisandur östlich von Látrabjarg, ein Muschelsandstrand von eindrucksvoller Ausdehnung entlang der südlichen Küste.

5

SELÁRDALUR

Der Ort. Eine entlegene Siedlung an einem majestätischen Fjord, die Heimat mehrerer naiver Künstler war.

Was ist naive Kunst? Als „naiv“ gelten Künstler, die sich in einer hochentwickelten Gesellschaft ohne konventionelle Ausbildung der Kunst widmen. Sie arbeiten instinktiv, unbeeinflusst von Kunstgeschichte oder -kritik, und lassen sich durch mangelnde Unterstützung oder gar Missbilligung seitens ihrer Zeitgenossen nicht beirren. Als der Bauer Samúel Jónsson (1884–1969) aus Selárdalur ein neues Altarbild für die Pfarrkirche malte, lehnte die Gemeinde sein Angebot ab: Das Altarbild aus dem 18. Jahrhundert sei noch gut genug. Daraufhin nahm der resolute Bauer sein Werkzeug und baute sich eine eigene Kirche samt Zwiebelturm für sein Altarbild. Den Zement mischte der Rentner eigenhändig aus Sand und Kies vom nahen Strand an. Heute kümmert sich eine internationale Organisation um den Erhalt der Privatkirche und Samúels anderer Werke.

Weitere naive Künstler. Arnarfjörður, zweifellos einer der eindrucksvollsten Fjorde Islands, wird von stattlichen Bergen und zahllosen Tälern gesäumt. Er war und ist Heimat von Menschen, die nach ihren eigenen Regeln leben. Seine Täler und Bauernhöfe bieten Männern und Frauen Zuflucht, die aus ganz eigenem Holz geschnitzt sind und auf Außenstehende entweder bezaubernd exzentrisch oder völlig rätselhaft wirken. Einige dieser Eigenbrötler wurden schon mit Zen-Mönchen verglichen. Elís Kjaran Friðfinnsson passt nicht ganz ins Bild, weil er nicht vom Arnarfjörður, sondern vom weiter nördlich gelegenen Dýrafjörður stammt. Er hat diesem spektakulären Winkel des Landes aber seinen unverwechselbaren Stempel aufgedrückt. In seiner Freizeit nutzte Elís Kjaran seinen winzigen Bulldozer, liebevoll „der Teelöffel“ genannt, um eine Straße vom Arnarfjörður zum versteckten Tal Lokinhamradalur zu bahnen, wo zwei Einsiedler auf zwei Bauernhöfen lebten und nie ein Wort miteinander wechselten. Die heute noch passierbare Straße sollte jeder, der die Gegend besucht, einmal befahren, als Erinnerung daran, dass alles möglich ist, sofern man nur über einen Bulldozer und genug Zeit verfügt.

Hvesta. Eines der schönsten Fleckchen von Island ist der von schroffen Bergflanken umrahmte goldgelbe Sandstrand Hvesta am Ende des Arnarfjörður. Es gibt Pläne, an diesem Ort eine Ölraffinerie zu bauen. Fahren Sie hin und machen Sie ein paar Fotos, bevor es zu spät ist!

DJÚPAVÍK

Der Ort. Ein winziges Dorf am Ende einer gewundenen Straße durch eine der entlegensten Regionen Islands.

Warum lohnt sich ein Besuch? Djúpavík führt Besuchern das Inselleben vor Augen, wie es früher einmal war. Die Straße, die sich an der Strandir-Küste entlangschlängelt, um tiefe Fjorde herum und über steile Berghänge, dient als Lebensader für die wenigen Bewohner, die in diesem Winkel der Erde ausharren. Djúpavík ist einer der bemerkenswertesten Orte der Region. Das ehemalige Fabrikdorf am Fuß hoher Felswände, über die ein wilder Wasserfall stürzt, war zu seiner Blütezeit in den 1930er- und 1940er-Jahren nur auf dem Wasserweg erreichbar. Damals drehte sich das ganze Dorfleben um den Hering. Nachdem die Heringsbestände der nahen Fanggründe erschöpft waren, zogen die Bewohner fort und ließen eine Geistersiedlung zurück. Erst 1985 wurde ein Teil der alten Fabrik zum Hotel umgebaut und es ließen sich wieder Menschen dauerhaft im Dorf nieder.

Was hat es mit der Fabrik auf sich? Die ersten Gebäude in Djúpavík wurden kurz nach dem Ersten Weltkrieg gebaut. 1935 zog man in Rekordzeit die Fabrik und mehrere umliegende Bauten hoch. Das verrostete Schiffswrack, das heute noch am Ufer liegt, wurde geborgen, um die Bauarbeiter darin unterzubringen. Das ganze Dorf wurde von der Fabrik betrieben, einschließlich einer Bäckerei, eines Ladens und einer großen Kantine für die Arbeiter. Damals war die Fabrik eines der größten Gebäude in Island und mit hochmodernen Maschinen ausgestattet.

Wohin als Nächstes? Djúpavík liegt am südlichen Ufer des Reykjarfjörður. An dessen Nordufer schmiegt sich das verlassene Dorf Gjögur, und am nächsten Fjord, dem Norðurfjörður, befindet sich ein weiteres Dorf. Alle diese Ortschaften waren einmal viel größer, haben aber nun ausgedient und geraten rasch in Vergessenheit. Hier herrscht ein Gefühl tiefer Ruhe, ebenso wie in den Hügeln und an der Küste rundum, wo selbst die plätschernden Bergbäche deutlich zu hören sind.

Nicht verpassen! Am Ende der Straße, die nach Norden zum Norðurfjörður führt, liegt bei Krossnes ein Thermalpool zwischen dem Nordpolarmeer auf der einen und einem Berg auf der anderen Seite. Ein warmes Bad in diesem Becken bildet den krönenden Abschluss der Fahrt entlang der Strandir-Küste.

6

7

NÁMASKARÐ

Der Ort. Ein sehr großes, gut erreichbares Geothermalgebiet voll blubbernder Schlammtümpel. Námaskarð gehört zur Mývatn-Region, die einige der spektakulärsten Naturphänomene Islands beherbergt.

Was gibt es zu sehen? Das Geothermalgebiet Námaskarð gleich neben der Ringstraße 1 besteht aus den kochenden Schlammtöpfen auf Straßenniveau und dem Berg Námafjall, der sie überragt. Die meisten Besucher besichtigen nur die Schlammtümpel, die gut ausgeschildert und über einen Holzsteg leicht zugänglich sind. Dabei ist auch die unwirkliche Wanderung auf den Berg im mattgelben Widerschein des Schwefelgesteins zwischen dampfenden Fumarolen sehr eindrucksvoll. Der Berg ist steil, aber nicht sehr hoch, und der Weg durch Pfähle klar von den Schlammtümpeln abgegrenzt.

Höllisch heiß! Das Mývatn-Gebiet liegt auf der Bruchlinie zwischen der Nordamerikanischen und der Eurasischen Kontinentalplatte und ist deshalb geothermisch sehr aktiv. Auf Schritt und Tritt gibt es Lavafelder, Krater, heiße Quellen und Schwefeldämpfe. In der Nähe liegt ein weiteres Geothermalgebiet. Folgen Sie von Námaskarð der Straße nach Norden, am Geothermiekraftwerk und dem Leirhnjúkur-Parkplatz vorbei bis zum Krafla-Parkplatz. Zum Krafla-Gebiet gehört der Explosionskrater Víti (wörtlich: Hölle), der bei einem Ausbruch 1724 entstand. Er verblüfft mit einem leuchtend grünen Kratersee. In der Nähe liegt eine kleine Schlucht voller Schwefelablagerungen und brodelnder Schlammtöpfe.

Nicht verpassen! Der See Mývatn auf der anderen Seite des Námafjall dient als Kulisse für zahllose Lavaformationen und Pseudokrater, die entstehen, wenn geschmolzene Lava auf Wasser trifft. Bemerkenswert sind auch die hier lebenden Entenarten. Sie ernähren sich von den Mücken, die den See in so dichten Schwärmen umgeben, dass die Luft mitunter schwarz erscheint. Ihnen verdankt der See seinen Namen, denn „mý" ist das isländische Wort für „Mücke". Im Mývatn gedeihen außerdem Marimo-Algen (*Aegagropila linnaei*), eine seltene Form grüner Algenkugeln, die nur in Japan, Estland und Island vorkommen. In Japan werden sie alljährlich mit einem Fest geehrt. Die Bewohner um den Mývatn haben sich daran ein Beispiel genommen und veranstalten jetzt jedes Jahr ein ähnliches Fest.

8

ÁSBYRGI

Der Ort. Eine hufeisenförmige Schlucht, deren Felswände 100 Meter über den bewaldeten Talboden aufragen.

Wie ist er entstanden? Ásbyrgi gehört zum Jökulsárgljúfur-Nationalpark und wurde wie die Jökulsárgljúfur-Schluchten vom Fluss Jökulsá á Fjöllum geschaffen. Seit dem Ende der letzten Eiszeit vor etwa 10 000 Jahren fließt der Strom in seinem heutigen Bett zum Meer. Der Vatnajökull-Gletscher, der ihn speist, zog sich infolge von Klimaveränderungen zeitweise so weit zurück, dass er nur noch die Berggipfel bedeckte, um sich dann wieder auszudehnen. Heute erstreckt er sich über ungefähr 8000 Quadratkilometer. Unter dem Gletscher liegen einige der aktivsten Vulkane Islands, die plötzlich ausbrechen und schwere Überschwemmungen verursachen können. Diese Gefahr droht auch, wenn sich der Gletscher verlagert oder ausdehnt. Hinter großen Eisdämmen bilden sich riesige Eisstauseen. Wenn der Damm bricht, wird eine Flutwelle freigesetzt, die den gesamten Untergrund mitreißen kann. Durch sein Volumen und seinen enormen Druck kann sich das Wasser einen Weg in unterirdische Hohlräume und Felsspalten bahnen und das Gestein sprengen. Die Zerstörung setzt sich fort, bis ganze Felswände unter dem Ansturm des Wassers zusammenbrechen. Man geht davon aus, dass seit der letzten Eiszeit immer wieder solche Flutwellen über das Land hereinbrachen, die letzte vor ungefähr 2000 Jahren. Durch eine davon soll Ásbyrgi entstanden sein.

Die Sage. Der Sage nach ist die Schlucht Ásbyrgi ein Hufabdruck von Sleipnir, dem achtbeinigen Ross Odins, des Königs der Götter in der nordischen Mythologie. Auf einem Ausritt mit Odin sei Sleipnir fehlgetreten und habe einen seiner acht Hufe in den Fels geschlagen, wodurch Ásbyrgi entstand. Als Beleg wird Eyjan angeführt, die Felsinsel in der Schluchtmitte, wo die hohle Hufmitte aufkam. Diese Geschichte ist jedoch eine spätere Erfindung des romantischen Dichters Einar Benediktsson, der von der mythischen Kraft der Landschaft so beeindruckt war, dass er das Gelände kaufte und einige Zeit dort wohnte.

Was gibt es zu sehen? Wer Ásbyrgi besucht, sollte unbedingt Eyjan erklimmen, den einsamen Felsen in der Schlucht. Vom Campingplatz führt ein leicht begehbarer, gut markierter Wanderweg nordwärts auf den Felskeil. Der Eyjan ist ein guter Aussichtspunkt, um die ganze Größe dieses Naturwunders und die Kraft der Naturgewalten, die es formt, zu ermessen. Außerdem lohnt sich eine Wanderung zum Teich auf dem Talboden, wo die Felswände am höchsten aufragen.

9

DETTIFOSS

Der Ort. Der Fluss Jökulsá á Fjöllum stürzt hier rund 44 Meter tief in eine weite Schlucht und bildet einen der mächtigsten Wasserfälle Europas. Das rostfarbene Wasser führt Sedimente von seiner Quelle in Europas größtem Gletscher, dem Vatnajökull, mit. Das Donnern und Tosen des Wassers zwischen den zerklüfteten Felswänden bleibt unvergesslich.

Wie komme ich hin? Sie können den Wasserfall von der Ost- oder Westseite des Flusses erreichen. Die Straße zum Ostufer gilt seit Jahren als die schlechteste Straße Islands und ist oft bis ins Frühjahr hinein wegen Matsch und Schnee unpassierbar. Die westliche Zufahrtsstraße gehört zum Jökulsárgljúfur-Nationalpark. Von beiden Parkplätzen, im Westen wie im Osten, führt ein kurzer, gut markierter Wanderweg zum Wasserfall. Von Osten bietet sich ein spektakulärer Blick auf die Schlucht und den Sprühnebel des nächsten Wasserfalls flussabwärts, des Hafragilsfoss. Am besten kommt man aber von Westen, wo die Straße zum Wasserfall hinunterführt. Der Hafragilsfoss wirkt am eindrucksvollsten, wenn man sich ihm aus der Schlucht von unten nähert.

Was liegt in der Nähe? Die Jökulsárgljúfur-Schluchten mit dem Dettifoss gehören zum Jökulsárgljúfur-Nationalpark. In den Schluchten gibt es eine Reihe sehenswerter Felsformationen. Nicht weit vom Besucherzentrum Gljúfrastofa liegt die Tröllahellir-Höhle am Fluss. Gleich dahinter stehen die beiden steinernen Karl og Kerling (Mann und Frau). Noch eindrucksvoller sind die Hljóðaklettar-Felsen weiter nördlich. Sie sind alles, was von einer alten Kraterreihe übrig blieb, nachdem der Fluss Jökulsá die Gesteinsschichten darüber abtrug. Vom Besucherzentrum kommend wird man vom südlichsten Felsen mit dem Spitznamen „Löwenkopf" begrüßt. Dann führt die Straße weiter zur großartigen Álfakirkja (Elf Kirchen), einer dreieckigen Höhle mit einer Decke aus Säulenbasalt.

Die Faszination des Wasserfalls. Bis Mitte des 19. Jahrhunderts blieb der Dettifoss den Besuchern der Insel unbekannt. Der englische Geistliche William Sabine Baring-Gould (1834–1924) glaubte bei seiner Islandreise 1861, der Entdecker des Wasserfalls zu sein, und verewigte sein Abenteuer in seinem Buch „Iceland: Its Scenes and Sagas" (1863). Die isländischen Schriftsteller des späten 19. Jahrhunderts waren von dem Wasserfall ungeheuer fasziniert. Sie sahen ihn als Symbol der Erhabenheit der Natur, des Fortschritts oder gar ihrer eigenen Todessehnsucht. Sie alle beschrieben die hypnotische Wirkung des Wasserfalls.

ASKJA

Der Ort. Ein Vulkan inmitten kahler, abweisender Landschaft, dessen Krater der See Öskjuvatn füllt. Der kleinere Kratersee neben der Askja ist trotz seines etwas beunruhigenden Namens Víti (Hölle) ein wunderbarer Thermalpool, in dem Sie kosten- und hüllenlos baden dürfen. Der Kratergrund liegt vor den Bergwinden geschützt, sodass man an schönen Tagen am Seeufer sonnenbaden und sich zwischendurch in dem kieselerde- und schwefelhaltigen Wasser aufwärmen kann. Ein solches „Höllenbad“ sollte man sich wirklich nicht entgehen lassen.

Führt ein Weg um den See? Die Kraterwände sind steil und stellenweise fast senkrecht. Man kann um den See herumwandern, allerdings nicht am Ufer entlang. Die Umrundung dauert viel länger, als die meisten denken, nämlich einen ganzen Tag. Um mehr landschaftliche Abwechslung zu erleben, können Sie den markierten Weg von der Dreki-Berghütte in der Drekagil-Schlucht über die Dyngjufjöll-Berge zum See nehmen. Die Route führt durch eine mit Bimsstein bedeckte Landschaft. Obwohl es bergauf geht, ist der Anstieg nicht besonders schwierig. Der Höhepunkt der Wanderung liegt auf dem Bergpass, von dem man über den Öskjuvatn blickt. Die Landschaft hat eine eigentümliche, ehrfurchtgebietende Aura, die von dieser hohen Warte aus am stärksten wirkt.

Wie komme ich hin? Askja liegt im Hochland. Man braucht ein speziell ausgerüstetes Geländefahrzeug, um einige der Flüsse auf dem Weg zu durchfahren. Sie können nicht ganz bis an den See heranfahren; die Straße endet beim Parkplatz in der Nähe des jüngsten Lavafelds, das bei einem Ausbruch 1961 entstand.

Kann man auf dem Öskjuvatn Boot fahren? Der Öskjuvatn, der ebenso wie der Víti beim letzten Ausbruch der Askja 1875 geschaffen wurde, ist mit 220 Meter Islands tiefster See. Man kann keine Bootstour auf ihm unternehmen, da es in der Gegend keine Boote gibt. Es sind auch keine Patrouillen unterwegs, und eine touristische Infrastruktur ist nicht vorhanden, weil die Region so weitab vom Schuss liegt. Dafür verspricht sie in all ihrer unberührten Leere und Weite eine wahrhaft spektakuläre Erfahrung.

11

STÓRURÐ

Der Ort. Eine Ansammlung monumentaler Felsbrocken in einem blaugrünen See auf einem der malerischsten Berge Islands.

Wie komme ich hin? Stórurð war praktisch unbekannt, bis kundige Einheimische 1970 darauf hinwiesen, dass nördlich des Dyrfjöll-Gebirges eine der eindrucksvollsten Landschaften Islands liege. Trotzdem erwähnen manche Reiseführer den Ort bis heute nicht. Stórurð ist nur zu Fuß erreichbar. Auf der kürzesten Route sollte man mindestens einen halben Wandertag einkalkulieren. Es gibt vier Wege nach Stórurð, die Sie nicht verlassen sollten. Da Islands Osten für seinen blitzschnell aufziehenden Nebel bekannt ist, tut man gut daran, sich an die markierten Wege zu halten. Das imposante Dyrfjöll-Gebirge bildet die Grenze zwischen dem Bezirk Fljótsdalshérað und Borgarfjörður eystri. Die Berge sind schon von Weitem sichtbar und man erkennt rasch, wo sie ihren Namen Dyr-fjöll (Türberge) herhaben: von einer tiefen Kerbe im Bergkamm. Diese ziemlich symmetrische „Tür" wurde durch jahrtausendelange Gletschererosion ausgegraben. Der westliche Weg nach Stórurð zweigt von der Straße zum Fjord Borgarfjörður eystri ab; der östliche beginnt im Dorf Borgarfjörður eystri. Der Weg vom Bergpass Vatnsskarð auf dem Höhepunkt der Straße ist der einfachste und direkteste. Wer den wunderschönen Fjord Borgarfjörður eystri erleben will, sollte dagegen dem Weg folgen, der sich vom Dorf Bakkafjörður zwischen den Gipfeln hindurchschlängelt und Stórurð von Westen erreicht.

Was gibt es zu sehen? Drei Dinge machen Stórurð so sehenswert. Da wäre einerseits seine Nähe zu den eindrucksvollen Gipfeln des Dyrfjöll-Gebirges und ihrer „Tür". Zweitens besteht Stórurð aus seltsamen Felsbrocken, die wie ein Haufen umgestürzter Megalithblöcke oder die Überreste einer verfallenen Riesenburg wirken. Doch handelt es sich um ein natürliches Phänomen: Der Gletscher, der den Berg früher bedeckte, grub die Blöcke aus den Felswänden und nahm sie auf seinem Weg mit. Als das Eis schmolz, blieben die Felsbrocken liegen. Und schließlich sind da noch die kleinen Seen zwischen den Felsen, deren meerblaues Wasser im Nebel geradezu überirdisch zu leuchten scheint.

EYSTRAHORN

Der Ort. Ein Berg, der zur Bewunderung, nicht zur Ersteigung einlädt.

Warum lohnt sich ein Besuch? Das Eystrahorn in der Südostecke des Landes ist das Spiegelbild seines nahen Zwillings, des Vesturhorn. Beide Berge stehen am Ende eines gebogenen Fjords. An der Mündung des Fjords erstreckt sich eine Brackwasserlagune, die von Bergbächen und dem Schmelzwasser des Vatnajökull-Gletschers gespeist wird. Sie ist durch eine lange Sandbank vom Meer abgeschnitten und wird von Bergen eingerahmt. Die ursprüngliche Straße durch die Region führte über einen hohen, steilen Pass zum Hornafjörður im Süden und über ein tückisches Plateau im Norden. Doch inzwischen wurde diese gefährliche Route durch einen Tunnel und Straßen über die Geröllhalden ersetzt. Die Ringstraße 1 führt am Fuß des Eystrahorn vorbei. Um den Berg genauer zu betrachten, fahren Sie am besten von der Straße ab zum orangefarbenen Hvalnessviti-Leuchtturm am Ende der Landspitze neben dem Eystrahorn. Hier können Sie aussteigen, um die Bergspitze zu bewundern, die vor dem weiten Meer aus den Geröllhalden aufragt, und einen kurzen Uferspaziergang unternehmen.

Kann ich auf den Gipfel steigen? An der Vorderseite des Berges kommen Sie ohne Kletterausrüstung nicht über die Geröllhalde auf den Gipfel. Aber mit Erlaubnis des Hvalsnes-Hofs, der malerisch unterhalb des Berges liegt, können Sie durch die „Hintertür" des Berges vom Parkplatz des Leuchtturms den Hang hinaufwandern. Sie gelangen zwar nicht bis auf den Gipfel, haben aber von hier einen noch besseren Blick auf die Umgebung.

Wohin als Nächstes? Hinter den verstreuten Bauernhöfen von Lón, der Landschaft rund um die Lagune, ragt der mächtige Vatnajökull-Gletscher auf. Unter ihm fließen Gletscherflüsse und -bäche ins Tiefland ab, während oben der Gletscherbruch immer weiter zurückweicht. Die Gletscher- und Vulkantätigkeit der letzten Jahrtausende hat oberhalb von Lón die einzigartige Landschaft Lónsöræfi mit farbenprächtigen Felsformationen, Schluchten und steilen Bergen vor der Kulisse des Vatnajökull-Gletschers modelliert. Einer der beliebtesten Hochland-Wanderwege führt vom Snæfell über den Brúarjökull-Gletscher nach Lónsöræfi hinunter. Einen guten Einblick in die Region bekommen Sie auf einer organisierten Tagestour, die per Bus oder Geländewagen durch Flüsse und über holperige Straßen führt. Buchen können Sie diese Touren im nahen Dorf Höfn í Hornafirði oder beim Stafafell-Bauernhof in Lón.

13

JÖKULSÁRLÓN

Der Ort. Die Gletscherlagune, in der Eisschollen und -berge vor einer vergletscherten Bergkulisse treiben, ist ein Lieblingsort der Isländer.

Wann wurde er entdeckt? Zu Beginn des 20. Jahrhunderts gab es die Gletscherlagune bei Breiðamerkursandur noch nicht. Von ihrer Entstehung erfuhren außer den unmittelbaren Anwohnern zunächst nur wenige Menschen, da dies früher eine der abgeschiedensten Regionen Islands war. Es gab keine Brücken über die Gletscherflüsse, die Öræfasveit, das Gebiet zwischen dem Fluss Skeiðará und der Gletscherlagune, begrenzen. 1967 wurde die heutige Hängebrücke am Ende der Lagune errichtet, und erst 1974 waren alle Flüsse, die die Skeiðarársandur-Schwemmebene durchziehen, überbrückt. Das war die letzte Bauphase der Ringstraße rund um Island, die es plötzlich möglich machte, in weniger als einem Tag von Reykjavík nach Jökulsárlón zu fahren. In den 1980er-Jahren wurde die Lagune zur Touristenattraktion. Heute gehört sie zu den meistfotografierten Orten des Landes. Sie diente auch als Kulisse für die James-Bond-Filme „Im Angesicht des Todes“ und „Stirb an einem anderen Tag“ sowie für „Lara Croft: Tomb Raider“ und „Batman Begins“.

Wie ist die Lagune entstanden? Der Breiðamerkurjökull-Gletscher, ein Ausläufer des Vatnajökull, schob sich vom 17. bis zum 19. Jahrhundert immer weiter voran, bis er nur noch wenige hundert Meter von der Küste entfernt war. In dieser Zeit bildeten die großen Mengen an braunem Schmelzwasser, die unter dem Gletscher heraussprudelten und zum Meer brausten, den Fluss Jökulsá in Breiðamerkursandur, ein außerordentlich lästiges Verkehrshindernis. Menschen und Pferde mussten sich über das rissige, schlüpfrige Eis auf die andere Seite tasten. Doch im 20. Jahrhundert zog sich der Gletscher zurück und der Fluss gabelte sich. 1930 bildete sich an seiner östlichen Mündung eine Lagune. 1935 entstand auch an der westlichen Mündung eine Lagune und 1944 verschmolzen die beiden Lagunen schließlich. Jökulsárlón dehnt sich immer noch aus. Vor Kurzem stellte man fest, dass die Lagune eigentlich ein 200 Meter tiefer, vom Gletscher gegrabener Fjord ist. Die Lagune befindet sich übrigens in Privatbesitz.

Was kann man unternehmen? Fahren Sie aufs Wasser hinaus. Das ist die einzige Möglichkeit, das bizarre, sich dauernd verändernde Naturwunder in seiner Gänze zu bestaunen. Da das Eis schmilzt und driftet und immer neue Eisberge ins Wasser stürzen, sieht die Lagune jeden Tag anders aus. Ihre Wunderwelt lässt sich vom Ufer aus nur unzureichend würdigen.

14

SVÍNAFELLSJÖKULL

Der Ort. Ein Gletscherbruch in einem atemberaubenden Tal direkt unterhalb des Hvannadalshnúkur, des höchsten Gipfels in Island. Sie können bis an den Gletscher heranfahren.

Warum lohnt sich ein Besuch? Der Vatnajökull-Gletscher und seine Umgebung wurden 2008 zum Nationalpark erklärt. Er ist der größte Nationalpark Europas; allerdings liegt er fast vollständig unter einer Eisdecke. Einer der zugänglichsten und interessantesten Bereiche des Nationalparks ist das Gebiet am Skaftafell. Auf seinen gut markierten Wegen bekommt man alle möglichen Gletscherformationen und das von Gletschern modellierte Gelände zu sehen. Der Svínafellsjökull ist der am leichtesten zugängliche Gletscherbruch in Island. Er liegt nur einen Katzensprung von der Straßenabzweigung, die sich durch die hoch aufragenden „Gletscherwellen" windet. Diese Wellen sind alles, was vom Vorstoß des Gletschers in einer kälteren Ära übrig blieb. Jetzt ist das Eis auf dem Rückzug, wie die meisten Gletscher heute. Stellen Sie sich vor, dass der Parkplatz und die Straße zum Svinafellsjökull bis 1940 vollständig von Eis bedeckt waren. Der Svínfellsjökull und der Skaftafellsjökull weiter westlich bildeten damals noch einen einzigen Gletscherbruch.

Gletscherwanderung. Gletschertouren vermittelt das Touristenzentrum von Skaftafell. Wenn Sie auf den Svínafellsjökull hinaufwandern wollen, um den zerklüfteten Gletscherbruch, der in ständiger, wenn auch extrem langsamer Bewegung ist, hautnah zu erleben, bekommen Sie hier Informationen und Ausrüstung. Sie können auch die Gletscherkante an der Talwand entlangwandern, um zu sehen, wo das Eis Fels und Vegetation mitgerissen hat, sodass nur zermalmtes Gestein übrig blieb. Die Wanderung durch eindrucksvolle Landschaft ist eine lohnende Alternative für alle, die sich nicht aufs Eis wagen wollen.

Klimawandel. Infolge der steigenden Durchschnittstemperaturen weichen die Gletscher in der Skaftafell-Region derzeit rapide zurück. Wenn Sie an der Stelle haltmachen, wo der Gletscher an einen kleinen See grenzt, und die Ohren spitzen, hören Sie das hypnotisierende Murmeln Millionen kleiner Tropfen, die vom Eis fallen: der Klang des Klimawandels. Vor einigen Jahren hat eine britische Künstlerin ein Mikrofon installiert, um das Geräusch per Mobilfunkverbindung in ihre Galerie in London zu übertragen und so den weltweiten Klimawandel sinnlich erfahrbar zu machen.

15

LANGISJÓR

Der Ort. Ein klarer, blauer Hochlandsee in einer schwarzsandigen Ödnis, umgeben von Bergen und einem Gletscher.

Wie komme ich hin? Langisjór ist nur per Geländewagen, Hochlandbus oder zu Fuß erreichbar. Deshalb herrscht rund um den See relativ wenig Betrieb, obwohl er zweifellos zu Islands eindrucksvollsten Landschaften gehört. Eine Straße führt von Südwesten zum See und endet dort. Den weiteren Weg muss man zu Fuß zurücklegen. Ein viel begangener Wanderpfad verläuft am Südostufer des Sees an den Fögrufjöll-Bergen entlang, die Langisjór vom Skaftá-Flussbecken trennen. Der Weg ist mit Schildern markiert. Sie sollten hier nur gut ausgerüstet wandern, da Sie sich weitab jeder Zivilisation befinden. Kalkulieren Sie für die Wanderung rund um den See drei bis vier Tage ein. Wenn Sie die Zeit erübrigen können, werden Sie es nicht bereuen. Aber auch eine Tageswanderung vor den Fögrufjöll-Bergen am Ufer entlang ist eine lohnende Erfahrung.

Wann wurde der See entdeckt? Es gibt keine Berichte über Reisen zum Langisjór vor 1845. Der See hatte nicht einmal einen Namen, bis der Forscher Þorvaldur Thoroddsen ihn 1890 Langisjór, den „Langen See“, taufte. Das Ausmaß seines Abflusses wurde erst 1940 entdeckt; die erste Karte, die seinen Gesamtumriss darstellte, wurde 1950 gedruckt. Bis ins 20. Jahrhundert war der Langisjór eine Gletscherlagune mit schlickig-trübem Wasser. Als sich der Gletscher zurückzog, nahm das Wasser seinen heutigen klaren Blauton an. Erst im späteren 20. Jahrhundert wurde Langisjór als interessantes Naturphänomen erkannt. Vorher gab es Pläne, ihn als Stausee für Kraftwerke zu nutzen, wodurch sich das herrlich blaue Wasser wieder trübgrau verfärbt hätte.

Was gibt es zu sehen? Viele beschreiben den Besuch des Sees als eine geradezu spirituelle Erfahrung. Eine Wanderung rund um das einsame Gewässer, das dank seiner langen, schmalen Gestalt wie ein von Bergen umrahmter Binnenfjord wirkt, hinterlässt unvergessliche Eindrücke. Die Wanderung führt auf den Gletscher nördlich des Sees zu, dessen weiße Eiskappe in der Ferne bei Sonnenschein wie eine Verheißung des Himmelreichs erstrahlt. Auch die Fögrufjöll-Berge, deren langer Kamm von Bergseen unterbrochen wird, wirken sehr imposant. Wer den Berghang hinaufwandert, wird mit Blicken auf das Skaftá-Flussbecken und die Lakagígur-Krater und Veiðivötn-Seen weiter südlich belohnt. Die weite Landschaft mit ihren ungezähmten Gletscherflüssen und Lavafeldern auf der einen Seite, dem himmelblauen Wasser und dem gewaltigen Vatnajökull-Gletscher auf der anderen Seite verkörpert das Wesen der isländischen Natur wie kaum ein anderer Ort.

LANDMANNALAUGAR

Der Ort. Natürliche Badebecken im Hochland inmitten eines Wunderlands aus farbenprächtigen Bergen, Lavaformationen und Schluchten.

Wie komme ich hin? Landmannalaugar ist eines der beliebtesten Besucherziele im Hochland. Allerdings ist das Gebiet nur im Sommer über die Straße erreichbar (von winterlichen Jeeptouren einmal abgesehen) und auch dann nur per Geländewagen oder Hochlandbus. Landmannalaugar ist Start- oder Endpunkt der schönsten Wanderroute durchs Hochland, des Laugavegur. Er führt – je nachdem, ob Sie die längere oder die kürzere Route wählen – von Skógar oder Þórsmörk nach Landmannalaugar. Wanderer, die von Süden, also Skógar oder Þórsmörk, kommen, können sich nach dem anstrengenden Wandertag auf ein wohltuendes Bad freuen: Das von kalten und warmen Quellen gespeiste Naturbecken hat genau die richtige Temperatur, um sich entspannt darin zu aalen.

Erste Eindrücke. Die meisten Kurzbesucher wandern auf den Bláhnúkur-Gipfel (945 Meter) in der Nähe des Badebeckens. Der markierte und viel begangene Weg, der über einen steilen Grat auf den Berg führt, dürfte für erfahrene Wanderer kein Problem sein.

Was gibt es noch zu sehen? Um den Zauber der Region richtig auf sich wirken zu lassen, wandert man am besten auf den Brennisteinsalda hinauf. Der mittelschwere Wanderweg bietet spektakuläre Ausblicke auf die prächtigen Farben, die das Gebiet berühmt gemacht haben: leuchtend grünes Moos, strahlendes Schwefelgelb und die Grün-, Braun-, Blau- und Gelbtöne des Rhyolitgesteins. Im Kontrast zum schwarzen Laugahraun-Obsidian wirkt dieses Farbkaleidoskop geradezu schwindelerregend. Die abwechslungsreiche Landschaft wird zusätzlich bereichert durch den Blick auf das komplexe System der von Flüssen und Seen gegrabenen Schluchten. Wenn Sie die ganze berauschende Farbenpracht der Natur erleben wollen, ist Brennisteinsalda der richtige Ort dafür.

Eine lohnende Strapaze. Das Landmannalaugar-Gebiet entstand durch Rhyolit, Erdwärme, Schnee und Wasser. Nirgends hat das Zusammenwirken von Erosion, Erdwärme und Vulkantätigkeit überwältigendere Ergebnisse hervorgebracht als in der Jökulgil-Schlucht. Die von den Geröllhängen des Austurbarmur gesäumte Schlucht erstreckt sich am Parkplatz bei Landmannalaugar. Eine Wanderung durch die Schlucht ist kein Spaziergang: Auf dem unebenen Gelände des Talgrunds müssen Sie immer wieder durch Flüsse und Gletscherbäche waten. Eine Alternative ist die Wanderung in die Schlucht südlich von Jökulgil, die einen Überblick über die bizarre Farben- und Wasserwelt eröffnet.

DYRHÓLAEY

Der Ort. Ein gewaltiger, in den Atlantik hinausragender Felsbogen, umgeben von schwarzem Sand.

Was gibt es zu sehen? Dyrhólaey ist ein Naturschutzgebiet und während der Brutzeit im Frühling für Besucher gesperrt. Doch außerhalb der Brutsaison verspricht der Besuch des südlichsten Punkts der Insel eine großartige Erfahrung. Wie vom Bug eines Schiffes blickt man nach Süden über den Atlantik, der von hier bis zur Antarktis nicht mehr auf Land trifft. An sonnigen Tagen scheint der Horizont zurückzuweichen und man sieht die Wellenkämme bis in unendliche Ferne. Beiderseits des Kaps säumen schwarze Strände die Südküste. Der nächste Gletscherfluss im Westen, Jökulsá á Sólheimasandi, schwemmt einen steten Strom von schwarzem Sand ins Meer, der mit dem Wasser um die Herrschaft über Dyrhólaey ringt. Der Sand legt sich um den Fels, während das Meer daran arbeitet, dessen ursprüngliche Form wiederherzustellen. Man glaubt, dass der Bogen durch einen unterseeischen Vulkanausbruch am Ende der letzten Eiszeit entstand, als der Meeresspiegel höher lag.

Was kann man unternehmen? Dyrhólaey bietet einen malerischen Anblick, sowohl von unten, vom Strand, als auch von oben, vom Felsplateau, aus gesehen. Schlagen Sie zwei Fliegen mit einer Klappe und gehen Sie zum Reynisfjara-Strand am Fuß des Berges Reynisfjall östlich von Dyrhólaey hinunter. Dort sehen Sie die Reynisdrangar, eine Reihe majestätischer Felsnadeln, die ins Meer hinausreichen, und eine bei Niedrigwasser zugängliche Felsgrotte, aber Vorsicht: Bei Flut läuft die Grotte voll Wasser. Wenn Sie genug Zeit haben, ist eine Wanderung über den schwarzen Strand nach Dyrhólaey ein eindrucksvolles Erlebnis, besonders bei bewegter See mit großen Brechern. Aber auch hier ist Vorsicht geboten: Die Südküste ist direkt dem Atlantik zugewandt und es sind schon Menschen ertrunken, die mit den Wellen Haschen spielen wollten. Die Wellen sind viel höher und wuchtiger, als es den Anschein hat, und die Unterströmung ist tückisch. Jedes Jahr passieren mehrere Unfälle, also nehmen Sie sich in Acht.

Portland. Englische Seeleute, die in den Gewässern südlich von Island fischten, kannten Dyrhólaey seit Jahrhunderten und nannten es „Portland“. Die Kapspitze, die ins Meer hinausragt, heißt Tóin. Bei günstigen Wetterbedingungen kann man relativ problemlos mit Booten durch den Felsbogen fahren. Ihn zu durchfliegen ist dagegen schon kniffliger. 1985 schafften zwei isländische Draufgänger dieses Kunststück als Erste.

18

ÞÓRSMÖRK

Der Ort. Das Naturschutzgebiet, in dem sich einige der beliebtesten Wanderwege des Landes kreuzen, ist bekannt für seine rauschenden Flüsse, Birkenhaine, klaffenden Felsspalten und imposanten Gletscher. Besonders berühmt-berüchtigt ist der Eyjafjallajökull-Gletscher mit dem gleichnamigen Vulkan darunter.

Wie komme ich hin? Þórsmörk liegt nur ein kurzes Stück von der Ringstraße 1 entfernt, aber doch im unwegsamen Hochland. So ist zum Beispiel die Hütte in Húsadalur normalerweise nicht über die Straße zu erreichen, weil man unterwegs den Gletscherfluss Krossá durchfahren muss, dessen reißende Strömung schon vielen Geländewagenfahrern einen Strich durch die Rechnung gemacht hat. Wanderer haben es da leichter, denn eine kleine, aber solide Fußgängerbrücke führt über den mächtigen Fluss. Die meisten begehen den Laugavegur von Skógar im Süden über Þórsmörk weiter nordwärts nach Landmannalaugar oder in die umgekehrte Richtung. In Þórsmörk gibt es drei Übernachtungsmöglichkeiten: in Húsadalur, Langadalur und Básar. Die Anreise ist kein Problem, da die Gegend von zahlreichen organisierten Touren angefahren wird.

Was kann man unternehmen? Þórsmörk beeindruckt vor allem wegen seiner Gletscherpanoramen. Der Eyjafjallajökull-Gletscher beherrscht das Panorama nach Süden und Westen. Im Osten blickt man auf einen Gletscherbruch des Mýrdalsjökull; im Nordwesten ist der kleine Tindfjallajökull-Gletscher zu sehen. Das ganze Gebiet ist von markierten Wanderwegen durchzogen. Alle drei Hütten sind zur Saison mit Parkmitarbeitern besetzt, die Auskunft über die besten Wanderrouten geben. Obwohl viele Wanderer Þórsmörk nur als Zwischenstopp auf dem Weg nach Landmannalaugar betrachten, ist seine eindrucksvolle Mischung aus kahler, wilder Landschaft und idyllischen Wiesen voller Birken und Wildblumen von überwältigender Schönheit.

Die Aschewolke. Der Vulkan unter dem Eyjafjallajökull-Gletscher war seit 1823 nicht mehr aktiv gewesen. So kam der Ausbruch im März 2010 am Wanderweg von Skógar nach Þórsmörk für die meisten überraschend, wenn auch nicht für die Geologen, die den Vulkan überwachten. Die zunächst harmlose Eruption war nur das Vorspiel zu einem viel heftigeren Ausbruch im eisgefüllten Krater des Vulkans einige Wochen später. Die Schlamm- und Wasserfluten, die aus dem Krater schossen, richteten keinen großen Schaden an, aber die Aschewolke, die in den Himmel stieg, legte den Flugverkehr über Westeuropa tagelang weitgehend lahm. Millionen von Reisenden saßen auf den Flughäfen fest. Der Vulkan beruhigte sich nach einigen Wochen wieder, doch viele erinnern sich immer noch mit Schaudern an den unaussprechlichen Eyjafjallajökull.

19

HEIMAEY

Der Ort. Heimaey ist die bevölkerungsreichste Insel um Island. Nach einem Vulkanausbruch 1973, der ihre Ortschaft unter Lava und Asche begrub, kehrten viele Bewohner zurück, um ihren Heimatort wieder aufzubauen.

Was ist das Besondere? Heimaey ist eine der Westmännerinseln. Die Inselgruppe ist für ihre Vulkantätigkeit bekannt. 1963 ereignete sich vor der Südküste von Heimaey ein unterseeischer Vulkanausbruch. Als die Eruptionen nach vier Jahren abklangen, war eine neue Insel aus dem Meer aufgestiegen. Sie bekam den Namen Surtsey, nach dem Feuerriesen der nordischen Mythologie. Surtsey ist ein einzigartiges „lebendes Labor", an dem Biologen und Geologen studieren können, wie neues Land entsteht und wie sich darauf Leben entwickelt. Die Insel ist als Unesco-Welterbe geschützt und darf nur von Forschern betreten werden. Am 23. Januar 1973 war dann Heimaey an der Reihe: Der Ausbruch begann mitten in der Nacht, aber wie durch ein Wunder konnten alle 6000 Inselbewohner sicher aufs Festland evakuiert werden. Als die Eruption im Juli endete, hatte der Lavastrom die Insel stark vergrößert, aber auch den halben Ort unter sich begraben.

Was kann man unternehmen? Heimaey bietet für seine Größe eine abwechslungsreiche Landschaft. Die mächtigen Felsen an der Nordseite sind vom Hafen aus relativ leicht zugänglich. Den östlichen Felsen, den Heimaklettur, sollten Sie aber nur mit einem einheimischen Begleiter erklimmen. Am Eldfell, dem 1973 entstandenen Vulkan, ist der Boden immer noch warm und man kann sich ein gutes Bild von früheren Vulkanausbrüchen und neuen Lavaschichten machen. Das Stórhöfði-Kap an der Südküste bietet Ausblicke auf die anderen Westmännerinseln. Den besten Gesamteindruck vermittelt eine Bootstour um die Insel. Das ist auch die einzige Möglichkeit, die Meereshöhlen des Heimaklettur zu besuchen, die zu den Naturwundern der Insel gehören.

Þjóðhátíðin – ein Nationalfest. Am ersten Wochenende im August schmeißen die Bewohner der Westmännerinseln die größte Party des Jahres. Zum Þjóðhátíð kommen Besucherscharen aus ganz Island auf das winzige Heimaey. Das Fest wurde erstmals 1874 gefeiert, als Island seine Verfassung bekam. Heute findet es in einem natürlichen Amphitheater am Ortsrand statt, wo die Einheimischen große weiße Zelte aufbauen. Wenn Sie gern einmal mit den Inselbewohnern singen, trinken und feiern wollen, ist das die Gelegenheit.

20

GULLFOSS

Der Ort. Islands berühmtester Wasserfall.

Was gibt es zu sehen? Der Gullfoss war schon ab dem 18. Jahrhundert eines der meistbesuchten Touristenziele in Island. Seine Anziehungskraft liegt im schieren Ausmaß der Wassermassen und der Höhe des zweistufigen Wasserfalls. Die obere Kaskade ist flacher, die untere dagegen von beeindruckender Höhe. Das Wasser rauscht eine Art Felstreppe zwischen den Schluchtwänden hinab und stürzt dann schäumend in eine tiefe Felsrinne, die nur zu sehen ist, wenn man am Rand des Wasserfalls steht. Der Wasserfall offenbart sich nicht auf den ersten Blick. Von oben kommend, bemerken Sie zuerst nur die Stromschnellen, die nicht nach einem besonders eindrucksvollen Wasserfall aussehen. Wenn im Näherkommen das Tosen des Wassers immer lauter wird, bekommt man eine erste Ahnung von seiner Gewalt. Aber erst wer am Rand der Schlucht steht und in ihre Tiefen hinabspäht, erkennt das ganze Ausmaß der unteren Stufe. Weil man sich dem oberen Ende des Wasserfalls ebenerdig nähert, sind die Zugänglichkeit und Sicht ausgezeichnet. Die grasbewachsenen Hänge rund um die Schlucht kontrastieren in ihrer sanften Schönheit mit der überwältigenden Naturgewalt, die sich vor Ihnen auftut. Wenn Sie sich zum Rand der Schlucht vorwagen, um auf die untere Stufe und das in die Schlucht stürzende Wasser hinabzublicken, gibt sich der Gullfoss schließlich in seiner Gänze zu erkennen. Dass das Naturschauspiel sich erst nach und nach offenbart, macht es umso unvergesslicher.

Der Goldene Ring. Der Große Geysir und der Gullfoss liegen nicht weit auseinander und wurden schon immer gern kombiniert, seit die ersten abenteuerlustigen Touristen und Wissenschaftler nach Island kamen. Im 20. Jahrhundert bekam die Rundfahrt zu diesen beiden Zielen und Þingvellir den Namen „Der Goldene Ring“, weil man auf ihr die wichtigsten Sehenswürdigkeiten des Landes in einer Tagestour besuchen kann.

Symbol für Naturschutz. Um die Jahrhundertwende gab es Pläne, ein Wasserkraftwerk am Gullfoss zu bauen. Aus verschiedenen Gründen wurde es nie errichtet, doch hält sich hartnäckig die Legende, die Tochter des benachbarten Bauern, Sigríður von Brattholt, habe den Wasserfall durch ihr Engagement gerettet. So wurde der Gullfoss zu einem Symbol für den Naturschutz in Island.

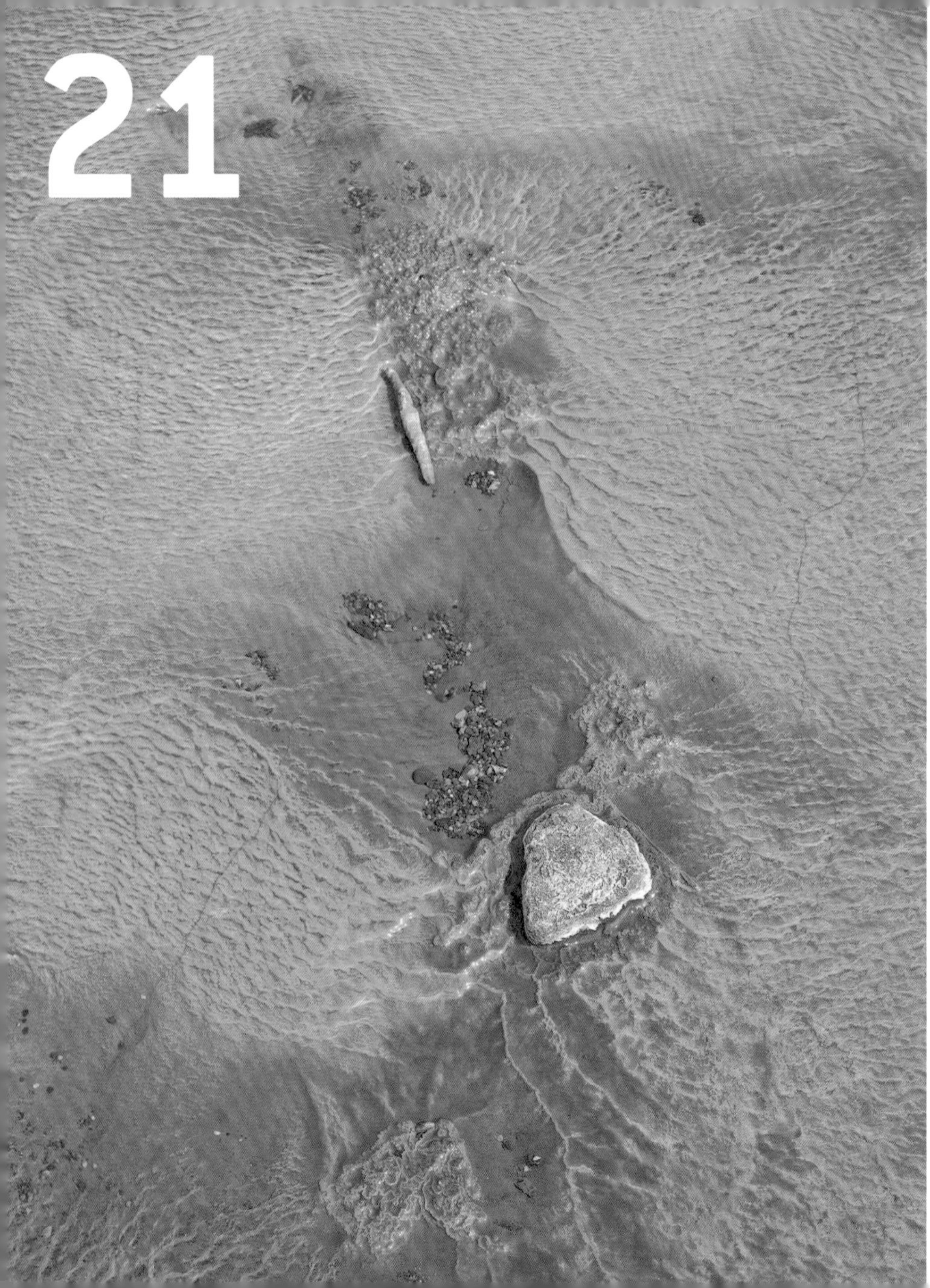
21

GEYSIR

Der Ort. Islands berühmtester Geysir und der Namensgeber aller Geysire. Nach jahrelanger Untätigkeit erwachte die Springquelle durch ein Erdbeben im Jahr 2000 wieder zum Leben und stößt nun ab und zu ihre Fontänen aus. Wer das verpasst, kann sich mit dem kleinen Bruder Strokkur trösten, der mit der Regelmäßigkeit eines Uhrwerks aktiv wird.

Wie kommt es zur Eruption? Verkürzt dargestellt: Wasser kocht, verwandelt sich in Dampf und steigt an die Oberfläche. In Langform: Das Wasser der Quelle erhitzt sich bis zum Siedepunkt und dehnt sich dabei aus. Es muss aber seine Oberflächenspannung überwinden, um Blasen zu bilden. Deshalb kann ein untätiger Geysir zum Ausbruch bewegt werden, indem man Seife hineingießt. Die Seife setzt die Oberflächenspannung des Wassers herab, sodass es bei niedrigerer Temperatur kocht. Heißes Wasser sammelt sich im Kanal des Geysirs und steigt langsam auf. Dabei nimmt der Druck immer mehr zu, wodurch sich ein Teil des Wassers überhitzt. Es verwandelt sich in Dampf, der aufsteigt und das darüber befindliche Wasser in die Luft schleudert: Der Geysir bricht aus.

Warum ist der Geysir so berühmt? Schon als im 16. Jahrhundert die ersten Reiseberichte über Island erschienen, erlangte die Springquelle große Aufmerksamkeit. Die heißen Quellen galten als eines der eindrucksvollsten Naturwunder des Landes, weil die Europäer so etwas nie zuvor gesehen hatten. Im 19. Jahrhundert gehörte ein Besuch des Geysirs zum Pflichtprogramm jeder Islandreise. Damals schon gab es erste Umweltschäden durch Besucher, die Erdklumpen und Steine in den Geysir warfen, um ihn zum Ausbruch zu bringen. Bilder des Geysirs erschienen in Büchern, Zeitschriften und Zeitungen. Damals hielt man den Geysir für ein einzigartiges Phänomen, da die Yellowstone-Geysire erst 1870 entdeckt wurden. Man glaubt, dass der Große Geysir von Island erstmals nach einem Erdbeben ausbrach. Doch ab 1910 stellte er seine Tätigkeit weitgehend ein. Das ganze 20. Jahrhundert hindurch versuchte man, ihn wieder in Gang zu bringen. Unter anderem grub man einen Nebenschacht zur Basis des Geysirs, um zu besonderen Anlässen Seife hineinzupumpen. Gerade als man dachte, es wäre alles vorbei, rüttelten mehrere starke Erdbeben im Jahr 2000 den Geysir wieder wach. Seitdem bricht er gelegentlich aus, wenn auch nicht mehr so fleißig wie früher.

22

ÞINGVELLIR

Der Ort. Die Ebene, in der vom Jahr 930 an bis zum Ende des 18. Jahrhunderts alljährlich Islands Volksversammlung, das Alþingi, stattfand. Heute ein Nationalpark, der auf der Unesco-Welterbeliste steht, und ein Sinnbild für Alfred Wegeners Theorie der Kontinentalverschiebung.

Was gibt es zu sehen? Þingvellir ging durch die Gründung des Alþingi im 10. Jahrhundert in die Landesgeschichte ein, aber wie an Islands anderen bedeutenden Stätten des Mittelalters hinterließ die Geschichte auch hier keine sichtbaren Spuren. Außer einer modernen Kirche und einem Haus aus neuerer Zeit gibt es keine Gebäude zu besichtigen. Fremdenführer schildern den Besuchern, was an diesem Ort geschah, aber nur die Natur hat die Jahrhunderte überdauert. Das Gebiet gliedert sich in einen Grabenbruch am Wasser und die Ebenen am Fluss Öxará. Es gibt viele eindrucksvolle Erdspalten, aber die meisten Besucher wandern die längste Spalte, die Almannagjá, entlang, die einst die Volksversammlung begrenzte. Vom oberen Rand des Grabenbruchs blickt man von einem Aussichtspunkt über den See Þingvallavatn und die Lavafelder im Norden und Osten. Ein kleines Museum informiert über die Geologie des Ortes.

Zur Theorie der Kontinentalverschiebung. Für manche sind die Bodenspalten von Þingvellir ein sichtbarer Beleg der Theorie der Kontinentalverschiebung, die von dem deutschen Geologen Alfred Wegener aufgestellt wurde. Auf ihr basiert unsere heutige Vorstellung vom Ursprung der Kontinente. Es heißt, der obere Rand des Grabenbruchs gehöre zur Nordamerikanischen Kontinentalplatte, das Gelände unten am Fluss hingegen zur Eurasischen Platte. Leider stimmt das nicht ganz, weil die Nahtlinie der Kontinente nicht so sauber verläuft. Das heißt aber nicht, dass die Bodenspalten bei Þingvellir nicht durch Plattentektonik und Vulkantätigkeit entstanden sind. Schließlich ist Island der größte sichtbare Teil des Mittelatlantischen Rückens, der sich vom Nordpolarmeer bis zum Südpol erstreckt und die Nordamerikanische von der Eurasischen Kontinentalplatte trennt.

Tauchparadies. Die tiefen Spalten, die das Lavafeld östlich des Flusses durchziehen, sind mit eiskaltem, kristallklarem Wasser gefüllt und stehen mit den anderen Gewässern von Þingvellir in Verbindung. Vor einiger Zeit entdeckten Taucher diese außergewöhnliche Unterwasserwelt. Tauchschein-Inhaber können an geführten Tauchtouren durch die Spalten teilnehmen.

22 Orte, die Sie bei einem Island-Besuch keinesfalls verpassen dürfen! Sie alle auf einer Reise zu besuchen ist allerdings eine echte Herausforderung. Das dünn besiedelte Island beeindruckt zuallererst durch seine monumentale Natur. Doch da sind auch seine Menschen, die das Kultur- und Geschichtserbe aus 1200 Jahren seit der Besiedlung der Insel stolz zur Schau stellen. Wer die hier vorgestellten 22 Orte besucht, hat längst nicht alle Geheimnisse des Landes entdeckt. Aber man beginnt zu verstehen, warum dieser Fels draußen im Atlantik eines der eigenartigsten und zugleich reizvollsten Fleckchen der Erde ist.

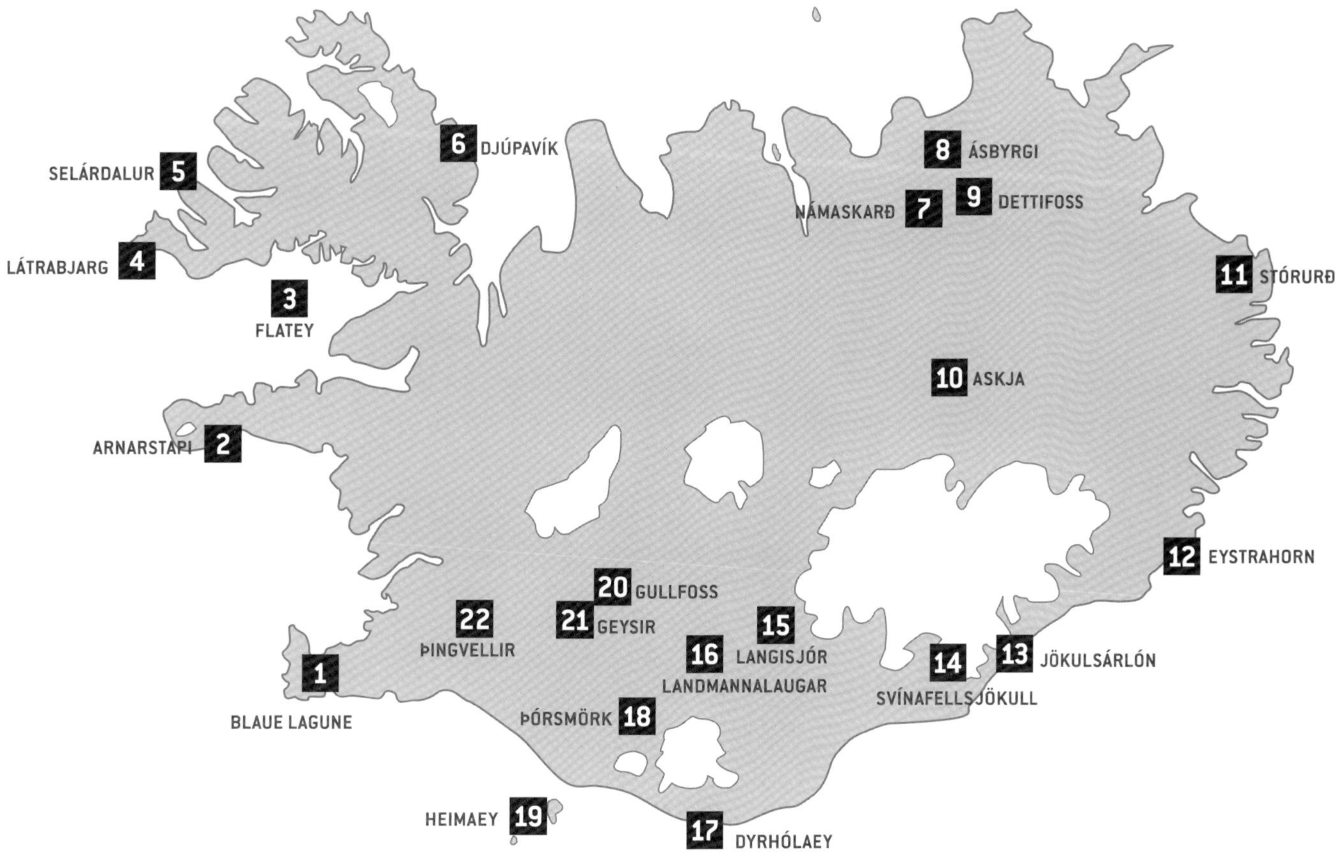

1 BLAUE LAGUNE
2 ARNARSTAPI
3 FLATEY
4 LÁTRABJARG
5 SELÁRDALUR
6 DJÚPAVÍK
7 NÁMASKARÐ
8 ÁSBYRGI
9 DETTIFOSS
10 ASKJA
11 STÓRURÐ
12 EYSTRAHORN
13 JÖKULSÁRLÓN
14 SVÍNAFELLSJÖKULL
15 LANGISJÓR
16 LANDMANNALAUGAR
17 DYRHÓLAEY
18 ÞÓRSMÖRK
19 HEIMAEY
20 GULLFOSS
21 GEYSIR
22 ÞINGVELLIR

Impressum

Deutsche Ausgabe veröffentlicht von National Geographic Deutschland
(G+J/RBA GmbH & Co KG), Hamburg 2012.

Titel der englischen Originalausgabe:
22 Places You Absolutely Must See in Iceland
Published by Bjartur, Reykjavík, Braedraborgarstigur 9, 101 Reykjavík, bjartur.is
under license from Crymogea ehf., Reykjavík, crymogea.is.

Konzept: Crymogea
Fotos: Vigfús Birgisson
Text: Jonas Moody
Layout: Snaefrid Thorsteins

Produktion der deutschen Ausgabe:
Bintang Buchservice GmbH, www.bintang-berlin.de
Inga-Brita Thiele, Übersetzung
Jessika Zollickhofer, Lektorat

Umschlaggestaltung:
www.anjagrimmgestaltung.de (Gestaltung)
www.stephanengelke.de (Beratung)
Titelbild: Die Gletscherlagune Jökulsárlón, Südisland
Fotografie von Vigfús Birgisson

Printed in Poland
ISBN 978-3-86690-279-4

Die National Geographic Society, eine der größten gemeinnützigen wissenschaftlichen Vereinigungen der Welt, wurde 1888 gegründet, um «die geographischen Kenntnisse zu mehren und zu verbreiten». Sie unterstützt die Erforschung und Erhaltung von Lebensräumen sowie Forschungs- und Bildungsprogramme. Ihre weltweit mehr als neun Millionen Mitglieder erhalten monatlich das National Geographic-Magazin, in dem die besten Fotografen ihre Bilder veröffentlichen sowie renommierte Autoren aus nahezu allen Wissensgebieten der Welt berichten. Ihr Ziel: *inspiring people to care about the planet*, Menschen zu inspirieren, sich für ihren Planeten einzusetzen.

Die NGS informiert nicht nur durch das Magazin, sondern auch durch Bücher, Fernsehprogramme und DVDs.
Falls Sie mehr über National Geographic wissen wollen, besuchen Sie unsere Website unter www.nationalgeographic.de.

Hinweis zur Aussprache:
Der isländische Buchstabe þ (in Großschrift Þ) wird wie das scharfe englische th in „think“ ausgesprochen, der Buchstabe ð (Großschrift Ð) wie das weichere th in „then“.